[1] Marktplatz

Markt mit Gedenksäule und St. Michaelis-Kirche

Der Marktplatz ist eines der ältesten Zeugnisse für eine Besiedelung der Stadt. Mit seinen vier Straßen an den Ecken wirkt er wie auf dem Reißbrett abgesteckt. Und beinahe so war es auch. Als um 1143 friesische und holländische Siedler in das alte Wagrierdorf Utin kamen, markierten sie zunächst einen großräumigen Platz, um dann erst mit der Bebauung zu beginnen. Nur wenige Jahre später konnte die Siedlung zu einem Marktort ausgebaut werden. Mit seinen 4400 Quadratmetern ist der Marktplatz nicht besonders groß, wirkt aber durch die niedrigen Häuser, die ihn umstehen, weiträumig. Die erste bildliche Darstellung stammt aus der Zeit um 1590. Der Theologe und Geograf Georg Braun und der Kupferstecher Frans Hogenberg nahmen Eutin in ihre Sammlung bedeutender Stadtansichten »Civitates orbis terrarum liber« auf. Hier erkennt man ein Rathaus, das sich recht verloren in der Mitte des Platzes erhebt. Auch auf dem Kupferstich von Johann Christian Lewon aus dem Jahr 1740 steht es noch allein auf weiter Flur, nun allerdings seines Renaissancegiebels beraubt. Baufällig geworden, musste es 1773 abgerissen werden. 1806 wurde der Marktplatz gepflastert und erhielt somit seine heutige Gestalt.

Zur Erinnerung an die Gefallenen des Deutsch-Französischen Krieges 1870/71 und die Gründung des Deutschen Reiches wurde am 10. Mai 1875 aus Spenden der Bevölkerung die Gedenksäule mit dem Sandsteinwappen geweiht. Anlässlich des Sängerfestes des Schleswig-Holsteinischen Sängerbundes von 1910, an dem mehr als 700 Sänger teilnahmen, schufen die begeisterten Eutiner rund um ihn herum eine Grünanlage, die nur als Provisorium gedacht war, aber dennoch die Zeitläufte bis zur letzten Umgestaltung 1979 überlebte.

[2] Rathaus

Tourist-Info Eutin Mai–Sept.: Mo–Fr 9–18 Uhr, Sa/So 10–14 Uhr; Okt.–Apr.: Mo–Fr 10–13/14–18 Uhr, Sa 10–13 Uhr

Der Rundgang führt nun im Uhrzeigersinn einmal um den Marktplatz herum. Am südöstlichen Ausgang des Marktplatzes, unter der Hausnummer 19, findet man in einem ehemaligen Handwerkerhaus die Tourist-Information der Stadt Eutin.

Bald nach dem Abriss des alten Rathauses begann man 1788 unter Hofbaumeister Peter Richter (1750–1805) mit dem Bau eines dreigeschossigen Fachwerkgebäudes. Ja, ein Fachwerkgebäude, aber mit verputzter Straßenfront. Das gab es bisher nicht in Eutin. Dieser erste klassizistische Putzbau der Stadt verlieh ihr den Habitus einer Residenzstadt und wurde zum Vorbild für viele andere Bauten. 1791 bezog es der Stadtrat. Kurz sollte man dem historischen Briefkasten vor dem Rathaus Beachtung schenken, der seit 1896 seinen Dienst tut.

Das Nebengebäude (Nr. 2), ein dreigeschossiger spätklassizistischer Putzbau, ist seit den 1930er Jahren dem Rathaus angegliedert. Es wurde 1853 von dem niederländischen Tuchhändler Terheyden auf den Mauern älterer Gebäude errichtet. Er war Katholik, und in Eutin gab es bis dato keine katholische Kirche. Also ließ er sich einen prächtigen Kuppelsaal für die Verrichtung der Gottesdienste bauen. Regelmäßig in der Karwoche kamen katholische Geistliche aus Lübeck, um die Ostergottesdienste zu zelebrieren. Seit der Restaurierung des Hauses 1987 erfreut sich die ehemalige Kapelle als Trauzimmer großer Beliebtheit. Oft liest man, der Raum sei zwischenzeitlich im Besitz der einzigen Freimaurerloge Eutins »Zum Goldenen Apfel« gewesen, verschie-

Axel Prahl Geb. 1960, Schauspieler. Man kennt ihn als Hauptkommissar Frank Thiel, der in Münster gemeinsam mit Professor Boerne Verbrecher im »Tatort« jagt. Die Filme sind lustig, klamaukig und gern gesehen. Die größeren schauspielerischen Ehren jedoch holte sich Prahl in den Filmen von Andreas Dresen. Allein die Filme »Halbe Treppe« (2002) und »Willenbrok« (2005) wurden mehrfach, u.a. mit dem Adolf-Grimme-Preis, ausgezeichnet. Prahl wurde in Eutin geboren, wuchs aber im benachbarten Neustadt in Holstein auf.

Links: Gedenksäule auf dem Markt

Rathaus

dene Symbole, die bei Renovierungsarbeiten gefunden wurden, deuteten darauf hin. In Wirklichkeit stammen die Symbole aus einer vorübergehenden Nutzung als russisch-orthodoxer Gebetsraum für eine russische Prinzessin, die einige Zeit auf dem Schloss zu Besuch weilte.

[3] Markt Westseite

Am 19. Januar 1907 kam es in Eutin zu einem Brand, dem beinahe die ganze westseitige Bebauung des Marktes zum Opfer fiel. Das Haus Nr. 7/8 beherbergte zur Zeit des Brandes das beliebte Hotel »Holsteiner Hof«, im 20. Jahrhundert eines der bekanntesten Häuser der Stadt. Ihm gehörte ein großer Saal an, in dem neben Konzerten und Vereinstreffen auch Theateraufführungen stattfanden. So sollte am 20. Januar 1907 die Komödie »Der Hund von Baskerville« aufgeführt werden. Aber das Ereignis fiel aus, denn wie auch das benachbarte Gebäude 6 brannte der »Holsteiner Hof« vollständig ab. In den nächsten beiden Jahren konnten die Gebäude wieder aufgebaut werden. Sie sind heute die einzigen reinen Jugendstilbauten Eutins.

Etwas eingerückt steht als Höhepunkt spätbarocker Baukunst das Witwenpalais. Aber der Name ist irreführend. Von Hofbaumeister Peter Richter wurde es 1786 im

Auftrag des Fürstbischofs Peter Friedrich Ludwig für die Witwe seines Vorgängers, Fürstbischof Friedrich August, gebaut. Dieser, 1785 gestorben, hatte seine Frau hinterlassen, die natürlich nicht mehr im Schloss wohnen konnte. Aber sie verstarb bereits 1787, noch vor der Fertigstellung ihres neuen Domizils. Um das Palais errichten zu können, musste man zunächst zwei ältere Gebäude abreißen. Eines davon hatte bis 1786 als Rathaus gedient. Das Witwenpalais ist ein zweigeschossiger Backsteinbau. Sein Mittelrisalit wird durch eine Attika und einen Wappenaufsatz betont. Darauf findet man das Gottorf-Eutiner Wappen mit der Mitra und dem Bischofskreuz.

Westseite des Marktes

[4] Markt Nordseite

»Brauhaus am Markt« 11.30–23 Uhr

Am Markt 10 befand sich im 17. Jahrhundert die Hofapotheke. 1634 wurde Johann von Schleswig-Holstein-Gottorf Fürstbischof. Genannt wurde er »Bischof Hans«, ein recht volksnaher Beiname. Verliehen wurde er ihm in Dankbarkeit, denn er wählte mitten im Dreißigjährigen Krieg Schloss Eutin zu seinem ständigen Wohnsitz, baute einen regelrechten Hofstaat auf und bewirkte damit den wirtschaftlichen und kulturellen Aufschwung des kleinen

Friedrich August von Holstein-Oldenburg 1711–1785, seit 1751 Fürstbischof von Lübeck und seit 1774 zudem Herzog von Oldenburg. Friedrich August konnte 1751 das Amt des Fürstbischofs antreten, weil sein älterer Bruder Adolf Friedrich König von Schweden wurde. Friedrich August heiratete 1752 die Landgräfin Ulrike Friederike von Hessen-Kassel. Er regierte von Eutin aus, kümmerte sich aber selten um die Regierungsgeschäfte und ging lieber auf die Jagd. Ihm ist der Bau des Jagdschlösschens am Ukleisee zu verdanken.

Städtchens. 1635 ließ er die erste Hofapotheke einrichten. Der Hofapotheker stellte nicht nur Arzneien her, verfertigte Tinkturen oder Pillen, sondern verkaufte auch Gewürzgurken, Tabak und manchmal gar Alkohol zur inneren Anwendung. Bis 1703 befand sich die Apotheke in dem Haus, dann wurde sie in die Königstraße 13 verlegt. Das Gebäude zählt zu den ältesten der Stadt.

Rechts neben der einstigen Hofapotheke kann man im letzten verbliebenen Brauhaus Eutins speisen und die Biere der heimischen St. Michaelis Brauerei genießen. Die ursprünglich zwei Fachwerkhäuser aus dem 18. Jahrhundert wurden um 1850 unter einem hohen Walmdach zusammengefasst, was an der Fassade noch zu erkennen ist. Zu Beginn des 20. Jahrhunderts hieß das Haus »Kieler Hof«. 1918 war es für zwei Monate ein Ort der Revolution. Am 6. November 1918, zwei Tage nach dem Aufstand der Kieler Matrosen, trafen Revolutionäre aus Lübeck in Eutin ein, verhafteten Bürgermeister Albert Mahlstedt und beschlagnahmten Würste und Schinken. Die Lübecker verschwanden so rasch wie sie gekommen waren, und zurück blieb ein Eutiner Arbeiter- und Soldatenrat, der im »Kieler Hof« seine Versammlungen abhielt und dessen erste Maßnahme die Freilassung des Bürgermeisters war. Bereits am 19. Januar 1919 stellte der Rat seine verdienstvolle Tätigkeit wieder ein.

[5] Markt Ostseite

»Historisches Restaurant Markt 17«
Mo–Sa 8.30–22 Uhr, So 9–22 Uhr

Bis zur Inthronisierung von »Bischof Hans« 1634 war Eutin eine Ackerbürgerstadt, d.h. die meisten Bürger bezogen ihre Einkünfte aus der Landwirtschaft. Erst mit dem Aufbau eines regelrechten Hofstaates siedelten sich Fachkräfte aus anderen Gegenden in der Stadt an, und viele Eutiner fanden Lohn und Brot bei Hofe. Eines der typischen Ackerbürgerhäuser findet man am Markt Nr. 13, ein eingeschossiges, breites Fachwerkgiebelhaus mit einem verbretterten Giebel und einer rundbogigen Zopfstil-Oberlichttür. Ursprünglich waren die Zwischenräume in dem Eichenfachwerk mit Lehm ausgefüllt. Sie wurden durch Ziegel ersetzt. Bis zum großen Stadtbrand, der 1689 von der Lübecker Straße aus bis auf das Schloss überging, hatten beinahe alle Häuser Strohdächer. Danach deckte man die Häuser mit roten Pfannenziegeln, wie sie häufig im holländischen und norddeutschen Raum zu finden sind. Die ehemals breite Tordurchfahrt für die Ackerwagen in die große Diele, von der rechts und links Wohn- und Arbeitsräume abgingen, wurde im Zuge der Umnutzung als Wohn- bzw. Handwerkerhaus verkleinert und mündet nun in einen schmalen Flur.

Albert Mahlstedt
1861–1943, Bürgermeister. Mahlstedt wurde in Delmenhorst geboren und 1891 einstimmig zum Bürgermeister von Eutin auf Lebenszeit gewählt. In seine Amtszeit bis 1928 fallen der wirtschaftliche Aufschwung und die Erweiterung der Stadt auf dem Kamp oberhalb des Stadtgebietes. 1913 ermöglichte er den Einzug der Garnison nach Eutin und regte den Bau der heutigen Johann-Heinrich-Voss-Schule an. 1916 sollte ihm vom Stadtrat der Titel eines Oberbürgermeisters verliehen werden, den er aber ablehnte.

7

Auch in dem heute als Geschäftshaus dienenden Gebäude Nr. 14 wurde Geschichte geschrieben. Im damali-
gen »Gasthaus Struck« hielt am Nachmittag des 7. No-
vembers 1869 auf Einladung des örtlichen Deutschen
Zimmermannsvereins der Genosse Georg Vater vom
Hamburger Allgemeinen Deutschen Arbeiterverein einen Vortrag über denselben, wozu alle Arbeiter Eutins
und Umgebung eingeladen waren. Daran schloss sich
die Gründung des Eutiner Ortsvereins an.

1897 wurde am Markt 17 die Schankwirtschaft
»Hansa« eröffnet. Von den Eutinern eher als »Wirtshaus
Breede« bezeichnet, war sie ein beliebter Treffpunkt der
Jugend und der Sportvereine. Aber nicht nur die trafen
sich dort. In den späten 1920er Jahren diente sie auch
als Vereinslokal der 1925 gegründeten Ortsgruppe der
NSDAP. Ihr gelang es, prominente Redner wie Goebbels
und Hitler nach Eutin zu holen und beachtliche Wahler-
folge zu verbuchen. Am 9. November 1931 wurde in einer Schlacht zwischen Reichsbannerleuten und NSDAP,
unterstützt von SA und SS, der Vertreter des Butterver-
sandhauses »Vierklee« und SS-Mann Karl Radke von
unbekannter Hand erstochen. Die Ermittlungen liefen
ins Leere, und Radke wurde zum Märtyrer stilisiert. Die
Nationalsozialisten schmückten schleunigst das »Hansa« mit einer Gedenkplakette und brachten 1932, in-
zwischen zu absoluter Mehrheit im Stadtrat gekommen,
den Vorschlag ein, den Marktplatz nach ihm umzube-

nennen. Dies blutige Geschehen ist dem »Historischen Restaurant Markt 17« heute glücklicherweise nicht mehr anzumerken.

Weitaus fröhlicher ging es im Nachbarhaus zu, der ehemaligen Gastwirtschaft »Stumpfe Ecke«. Auch dieses Haus, erkennbar eben an der »stumpfen Ecke«, stammt aus dem 18. Jahrhundert, im Kern ist es jedoch älter. Hier versetzte der erste Wirt, Carl Piehl, mit allerlei Instrumenten behängt, selbstkomponierte Lieder vortragend, seine Gäste in Begeisterung. Ob Piehl allerdings auch nach 1914 fröhliche Lieder vortrug, ist nicht bekannt, aber unwahrscheinlich, denn sein Sohn Karl war der erste Kriegsfreiwillige des Großherzoglichen Gymnasiums in Eutin, der sein Leben lassen musste.

[6] Stolbergstraße

Die Stolbergstraße ist eine der ältesten Straßen Eutins und kulturgeschichtlich hochinteressant. Früher Achternstraat genannt, also Hinterstraße, wurde sie später zur Papenstraat, da sie im nördlichen Teil vor allem von Angehörigen des Kollegiatstifts bewohnt war. Im Jahre 1889 erhielt sie ihren Namen nach einem der wichtigsten Bewohner, Friedrich Leopold Graf zu Stolberg-Stolberg. Während die Häuser der Ostseite (mit geraden Hausnummern), die sogenannten Kapitelhöfe, zumeist von Stiftsherren und Hofbeamten bewohnt waren und Grundmuster kleiner ostholsteinischer Gutsanlagen zeigen, stammen die Wohn- und Handwerkerhäuser der Westseite überwiegend aus dem 17. Jahrhundert und sind ein weiteres Zeugnis der Abnahme städtischer Landwirtschaft. Die Straßenfronten der Fachwerkbauten sind mit einer »Schürze«, d.h. vorgesetztem Mauerwerk verkleidet und mit Rosenstöcken geschmückt, die der Stadt das werbewirksame Prädikat »Rosenstadt« gaben. Mehr aber noch war diese schmale Straße ein geistiges Epizentrum des 18. und frühen 19. Jahrhunderts und macht dem Beinamen Eutins – »Weimar des Nordens« – alle Ehre.

In der dreiflügeligen Anlage Nr. 6, die einem Kapitelhof ähnelt, lebte der Schriftsteller, Übersetzer und Politiker Johann Georg Schlosser (1739–1799). Vier Jahre war er mit Goethes Schwester Cornelia verheiratet. 1796 ließ er sich in Eutin als Privatgelehrter nieder. Zwei Jahre lebte er hier, bis er in seine Vaterstadt Frankfurt am Main zurückkehrte und sein Haus Friedrich Heinrich Jacobi anbot, der auf der Flucht vor den Truppen

Friedrich Leopold Graf zu Stolberg-Stolberg 1750–1819, Dichter der Aufklärung, Übersetzer und Jurist. Stolberg wuchs in Kopenhagen auf und wurde u.a. von Klopstock erzogen. Nach einem Jura-Studium in Halle und Göttingen, wo er in den Dichterbund »Göttinger Hain« aufgenommen wurde, trat er 1777 in den Dienst von Fürstbischof Friedrich August, in dem er bis zu seiner Bitte um Entlassung 1800 verblieb. Seine Dichtungen, darunter Ritterballaden, Oden und Reisebeschreibungen, zählt man zum Sturm und Drang. Natürlich war auch er mit Goethe befreundet, wendete sich aber mehr und mehr religiöser Schwärmerei zu, die in seiner Konversion zum katholischen Glauben gipfelte und großes Aufsehen erregte.

Skulptur im Tischbein-Garten

Stolbergstr. 8/10 mit Durchgang zum Tischbein-Garten

*Der **Eutiner Kreis** war eine Gruppe bedeutender Dichter und Intellektueller, die sich in der Blütezeit Eutins zwischen 1776 und 1829 traf. Zu ihm gehörten u.a. Graf Stolberg, Voss, Jacobi, Nicolovius, Schlosser und von Halem. Eutin verdankt dem Kreis seinen Beinamen » Weimar des Nordens«. Es können nur wenige Städte ähnlicher Größe eine solche Dichte an Geistesgrößen vorweisen, die für die Verbreitung aufklärerischer Ideen standen. Nicht verwechseln darf man ihn mit dem 1936 gegründeten »Eutiner Dichterkreis«, einer nationalsozialistisch geprägten Schriftstellervereinigung.*

der Französischen Revolutionsarmee aus Düsseldorf gekommen war und heimatlos zwischen Hamburg und Holstein herumirrte. Seit 1788 pflegte Jacobi einen freundschaftlichen Briefkontakt zu Friedrich Leopold von Stolberg, der ihn 1795 für etwa ein Jahr zunächst als Gast aufnahm. 1799, als es Jacobi klar wurde, dass er nicht nach Düsseldorf zurückkehren konnte, erwarb er das Haus von Schlosser und lebte hier bis zu seiner Berufung an die Bayerische Akademie der Wissenschaften in München 1804.

Nur wenige Schritte und man steht vor einem palaisartigen zweigeschossigen Backsteinbau (Nr. 8/10), der von einem schmalen Torrisalit mit einem eleganten Giebelaufsatz akzentuiert wird. Seine zweiflügelige Rückfront besteht aus Fachwerk. Friedrich Leopold von Stolberg ließ sich 1793 das Gebäude nach seinen Wünschen umbauen und bezog es im Jahr darauf. Seinen Bemühungen ist es zu danken, dass 1782 Johann Heinrich Voss als Rektor an die Eutiner Gelehrtenschule berufen wurde und dass die Stadt zum Magneten für europäische Geistesgrößen wurde. Wie Voss gehörte auch Stolberg zum Eutiner Kreis, allerdings kam es in den Folgejahren zu immer größeren theologischen Differenzen. So nahm Stolberg seine beiden Söhne aus dem Unterricht in »aufgeklärtem Christentum« bei Voss. Nachdem er sein Entlassungsgesuch aus dem Dienst des evangelischen Fürstbistums eingereicht hatte, konvertierte Stolberg 1800 in Münster zum Katholizismus. Sein Übertritt war Vorbild für viele andere romantische Künstler.

Durch die Toreinfahrt gelangt man zum rückwärtigen Teil des Hauses und in den »Tischbein-Garten«, dessen Name den Eindruck erweckt, als sei der Maler Johann Heinrich Wilhelm Tischbein, Besitzer des Stolberg-Hauses seit etwa 1809, ein bedeutender Gärtner gewesen. Vielleicht sind es aber auch seine Landschaftsgemälde gewesen, die dem heutigen Nutzer, dem Eutiner Kunstkreis e.V., den Plan eingaben, einen Garten nach seinen Bildern zu gestalten. Verschiedene Wege führen an den Beeten und Schautafeln mit Tischbeins Lebensstationen vorbei. Moderne Installationen und Skulpturen, dekorativ verrostet und bemoost, bestehen den Rasen.

Goethe-Tischbein (zur Unterscheidung vom »Leipziger« Tischbein u.a.) ist in erster Linie bekannt für sein Goethe-Porträt (sinnend auf einer Bank, mit Schlapphut), das entstand, als der Dichter 1787 während seiner Italienischen Reise mehrere Monate als Gast bei ihm in Rom weilte. 1808 kam Tischbein als Hofmaler und Galerieinspektor im Dienste von Herzog Peter Friedrich Ludwig von Oldenburg nach Eutin. Da der Herzog vier Jahre zuvor eine größere Sammlung Tischbeinscher Gemälde erworben hatte, wurde er praktisch Hüter seiner eigenen Werke. 1829 verstarb Tischbein in Eutin.

Friedrich Heinrich Jacobi 1743–1819, Philosoph, Schriftsteller und Jurist. Nach einer Kaufmannslehre widmete sich Jacobi seit 1773 ausschließlich der Philosophie und Literatur. Gemeinsam mit Christoph Martin Wieland gab er die Zeitschrift »Der teutsche Merkur« heraus. Auch zu Goethe pflegte er freundschaftliche Kontakte, die jedoch, wie auch die zu Wieland, in wechselseitiger Verbitterung endeten. Jacobi zählte zu den frühen Kritikern der Französischen Revolution. Als Philosoph berief er sich auf die Erkenntnisse der »schönen Seele«, und als Literat kritisierte er die Dichter des Sturm und Drang.

Skulpturengruppe im Tischbein-Garten

11

Stolbergstraße mit Twiete

Nachdem man zwei weitere Kapitelhöfe (Nr. 12 und 14) passiert hat, gelangt man zu einer besonders gut erhaltenen Anlage aus dem Jahr 1775 (Nr. 16). Das Wohnhaus, ein zweigeschossiger Backsteinbau, liegt zurückgesetzt und wird flankiert von zwei Wirtschaftsgebäuden. Hier wohnte Johann Philipp Quintius Lindemann (1783–1861). Lindemann war als Hauslehrer in Eutin tätig, kam während der Befreiungskriege zu Vermögen, das er aber durch Konkurs wieder verlor. In seiner Verbitterung darüber setzte er sich in der Folge für die Armen und Wohnungslosen ein. Dazu verfasste er eine ganze Reihe von Petitionen und 1832 eine Streitschrift unter dem Titel »Die Eigentumslosen im Amte Eutin«.

Die Twiete ist ein malerischer Durchgang, der zwischen den Häusern Stolbergstraße 13 und 15 zum Markt führt. Im Volksmund hieß er »Russentwiete«, weil hier 1814 während der Freiheitskriege gegen Napoleon die russische Artillerieabteilung einquartiert war. Gern wurde auch vom »Ehebrechergang« gesprochen, da die Twiete die Bordellgasse der Stadt war. Das zweigeschossige Fachwerkhaus Nr. 15 ist das älteste Haus Eutins (um 1600).

In dem zweigeschossigen backsteinernen Traufenhaus aus dem 18. Jahrhundert (Nr. 19) wurde der berühmte Astronom Johann Friedrich Julius Schmidt (1825–1884) geboren. Als Sohn eines armen Glasers stand ihm eine Gymnasialausbildung eigentlich nicht zu, aber aufgrund seiner Begabung nahm sich der Arzt Christian Friedrich Hellwag seiner an und ermöglichte ihm den Besuch der Gelehrtenschule und – was wichtiger war – Zugang zu einem Fernrohr. Seit 1858 Direktor der Sternwarte in Athen, führte Schmidt mehr als 70 000 Beobachtungen von Sternen, Kometen und Meteoren durch und erstellte die erste genaue Mondkarte. 1935 benannte die Internationale Astronomische Union einen Mondkrater nach ihm.

Auf der gegenüberliegenden Straßenseite, in einem ehemaligen Kapitelhof aus dem Jahr 1752 (Nr. 18), lebte der Jurist, Literat, Publizist und Historiker Gerhard Anton von Halem (1752–1819). Seit 1806 Direktor der Justizkanzlei in Oldenburg, verweigerte Halem aus Begeisterung für die Französische Revolution seinem Dienstherrn, Herzog Peter Friedrich Ludwig, die Treue und folgte ihm bei der Besetzung Oldenburgs durch französische Truppen nicht ins Exil nach St. Petersburg. Als der Herzog 1813 zurückkehrte, konnte Halem natürlich nicht in Oldenburg verbleiben und wurde nach Eutin verbannt. Erst der Verkauf seiner ca. 8000 Bände umfassenden Bibliothek, die heute einen wesentlichen Bestandteil der Eutiner Landesbibliothek darstellt, konnte seinen Herzog wieder versöhnen. In seinem Haus fanden die ersten Zusammenkünfte der 1804 mit Christian Friedrich Hellwag gegründeten »Eutinischen Litterärgesellschaft« statt.

Johann Heinrich Wilhelm Tischbein 1751–1829, Maler, genannt Goethe-Tischbein. Unsterblich wurde Tischbein mit seinem Bild »Goethe in der Campagna«. Tischbein war damals Direktor der Königlichen Malakademie zu Neapel. In Eutin wurde er Galerieinspektor und Hofmaler, verfasste einen Künstlerroman mit dem Titel »Die Eselsgeschichte« und wurde Mitglied der neugegründeten »Eutinischen Litterärgesellschaft«. Das Ostholstein-Museum besitzt – neben vielen anderen Gemälden von seiner Hand – eine der frühesten Ausführungen des Bildes »Die Stärke des Mannes«.

Stolbergstr. 19, Geburtshaus von Julius Schmidt

[7] Schlossvorplatz mit Kreisbibliothek

*Di/Fr 9.30–18 Uhr, Mi/Sa 9.30–13 Uhr,
Do 9.30–19 Uhr*

**Christian Friedrich
Hellwag**
*1754–1835, Mediziner
und Hygieniker. Im
schwäbischen Calw ge-
boren, kam der studierte
Theologe und Mediziner
als Leibarzt der Würt-
tembergischen Prinzessin
Friederike nach Holstein.
Diese wurde nur zwanzig
Jahre alt, aber Hellwag
blieb als Stadt- und
Landphysikus in Eutin
und führte Impfversu-
che mit menschlichen
und Kuhpocken durch.
Der von ihm erfundene
Storchenschnabel, ein
vollmechanisches In-
strument zur Übertra-
gung von Zeichnungen in
einen anderen Maßstab,
ist heute, in Zeiten der
digitalen Bearbeitung
von Landkarten, kaum
mehr bekannt.*

Nach dem Abriss der Mauern der einstigen Vorburg
kam es ab 1828 zu einer völligen Umgestaltung des
Schlossvorplatzes unter Hofbaumeister Johann Friedrich Limpricht (gest. 1859). Zwei einander entsprechen-
de eineinhalbgeschossige, langgestreckte Putzbauten im
klassizistischen Stil, der ehemalige Marstall im Norden
und die Wagenremise im Süden, liegen sich gegenüber;
den westlichen Abschluss zur Stadt hin bildet das ehemalige Kavaliershaus (heute Landesbibliothek). In der
1830 fertiggestellten Remise befindet sich seit 1980 die
Kreisbibliothek Eutin. Hervorgegangen ist sie aus der
1938 gegründeten »Abteilung Volksbücherei« der Landesbibliothek, die seit 1946 als eigene Bibliothek geführt
wurde. Die ehemaligen großen Holztore für die Kut-
schen wurden durch Fenster ersetzt. Im Obergeschoss
befindet sich eine Rundgalerie mit wechselnden Ausstellungen zeitgenössischer Künstler, die während der Öffnungszeiten der Bibliothek kostenlos besucht werden
kann. In den Räumen der Kreisbibliothek finden regelmäßig Lesungen und Konzerte statt, die sich in erster
Linie an Kinder richten.

[8] Eutiner Landesbibliothek

Di/Fr 9.30–18 Uhr, Mi/Sa 9.30–13 Uhr,
Do 9.30–19 Uhr

In den Räumen des ehemaligen Kavaliershauses, also dem Gästehaus des Hofes, befindet sich seit 1994 die Eutiner Landesbibliothek. Der verputzte zweigeschossige breite Bau mit niedrigem Walmdach war ein Entwurf des jungen Johann Heinrich Strack (1805–1880). Der Neffe von Hofmaler Ludwig Philipp Strack hatte seit 1824 an der Berliner Bauakademie studiert und im Büro von Karl Friedrich Schinkel u.a. an der Errichtung des Berliner Kronprinzenpalais mitgearbeitet. Stracks Entwurf des Kavaliershauses wurde 1836–1840 von Hofbaumeister Limpricht verwirklicht. Den Eingang ziert eine der fünf Bronzeplastiken des Bildhauers Karlheinz Goedtke (1915–1995) in Eutin aus dem Jahr 1993, »Die Lesende«.

Bereits die Bischöfe von Lübeck, die seit dem Mittelalter in Eutin residierten, hatten mit dem Aufbau einer Hofbibliothek begonnen; zu Beginn des 19. Jahrhunderts umfasste sie über 6000 Bände. Nach dem Vorbild der 1792 gegründeten Oldenburger öffentlichen Bibliothek strebte Herzog Peter Friedrich Ludwig auch in Eutin an, eine derartige Stätte der Aufklärung zu schaffen. Mit dem Erwerb der 8000 Bände umfassenden Bibliothek von Gerhard Anton von Halem (1816) und einer bibliophilen

Ludwig Philipp Strack 1761–1836, Maler, Lithograph und Kupferstecher. Strack, im hessischen Haina geboren, wurde von seinem Onkel Johann Heinrich Tischbein (dem »Kasseler Tischbein«) ausgebildet, unternahm ausgedehnte Studienreisen bis nach Neapel, wo sein Vetter, der »Goethe-Tischbein«, Akademiedirektor war. 1798 wurde Strack als Hofmaler und Leiter der Gemäldesammlung am Hof in Eutin angestellt. 1803 wechselte er an den Hof nach Oldenburg, wo er bis zu seinem Tode blieb. Er gilt als Begründer der holsteinischen Landschaftsmalerei. Sein Sohn Heinrich Strack d. Ä. ist einer der Baumeister des klassizistischen Oldenburgs.

Sammlung, die er mit der 1823 geerbten fürstbischöflichen Bibliothek vereinigen konnte, war der Grundstock der 1837 eröffneten »Großherzoglichen öffentlichen Bibliothek« gelegt. Nach dem Ende der Monarchie 1918 ging sie in den Besitz des Freistaates Oldenburg über. Die historischen Bestände gerieten jedoch seit den 1920er Jahren immer mehr in Vergessenheit, eine moderne öffentliche Bibliothek war das Ziel, das 1938 in die Gründung der »Abteilung Volksbücherei« mündete. Nach dem 2. Weltkrieg wurde sie zur »Kreisbibliothek Eutin«. Erst in den späten 1980er Jahren rückte die Erforschung und Bewahrung der ursprünglichen Sammlung in den Mittelpunkt des Interesses. Sie wurde aus der Kreisbibliothek ausgegliedert und unter dem Namen »Eutiner Landesbibliothek« als öffentlich zugängliche Forschungsbibliothek eröffnet. 1992 wurde die Eutiner Forschungsstelle zur historischen Reisekultur mit einer einmaligen Sammlung von Reiseliteratur aus fünf Jahrhunderten gegründet.

[9] Ostholstein-Museum

Öffnungszeiten unter www.oh-museum.de

Im ehemaligen Marstall des Schlosses, der 1832 für bis zu 50 Pferde mit einer Reithalle im Querflügel errichtet worden war, befindet sich seit 1989 das Ostholstein-

Museum. Der eigentliche Gründer, Pastor Heinrich Aye (1851–1923), ein eifriger Lokalhistoriker und dilettierender Archäologe, hatte genau 100 Jahre zuvor zum Aufbau eines Heimatmuseums aufgerufen und zu diesem Zweck den »Verein für Geschichte und Alterthumskunde im Fürstenthum Lübeck« gegründet. 1936 richtete der Lehrer Gustav Peters im ehemaligen St. Georgs-Hospital ein festes Heimatmuseum ein, das er bis zu seinem Tod 1979 ehrenamtlich betreute.

2005 umfassend neu gestaltet, zeigt das Museum heute im Erd- und Dachgeschoss ständig wechselnde Ausstellungen zu Malerei, Skulptur, Grafik und Angewandter Kunst, während im 1. Obergeschoss die Dauerausstellung zur Blütezeit Eutins um 1800 präsentiert wird. Neben Exponaten und Schriften der bekannten Dichter und Denker der Stadt, historischem Eutiner Kunsthandwerk und ostholsteinischer Landschaftsmalerei des 19. und 20. Jahrhunderts sind es vor allem die Gemälde und Öfen von Johann Heinrich Wilhelm Tischbein, die Aufmerksamkeit verdienen. Seine Entwürfe zu Friesen mit antikisierenden Motiven schmückten die Öfen des Eutiner Ofenbauers Niemann, die für ihre ausgezeichnete Heizleistung bekannt und überregional beliebt waren. Geschmückt mit von Tischbein entworfenen Vasen, die mit in Wasser schwimmenden Duftpotpourris gefüllt waren, sorgten sie für angenehme Luft.

[10] Schloss Eutin

Öffnungszeiten unter *www.schloss-eutin.de*

Idyllisch am Großen Eutiner See gelegen und umgeben von einem der schönsten Landschaftsgärten Norddeutschlands, wirkt das Schloss, ein roter dreigeschossiger, vierflügeliger Bau mit Backsteinfassade, wuchtig und streng. Zur Stadtseite hin wird der Eindruck ein wenig durch die drei unterschiedlichen Türme aufgelockert.

Ursprünglich eine landwirtschaftliche Hofstelle des Lübecker Bischofs Gerold, um 1275 zu einem »steinernen Haus« umgewandelt, erweitert und 1293 mit einer Kapelle versehen, diente es den Bischöfen als Zuflucht vor den streitbaren Lübecker Bürgern. Im Laufe der Zeit entstand eine mittelalterliche Burganlage mit Wassergraben und Wehrtürmen. Im Zuge der Reformation, in der die Burganlage zunehmend verwahrloste, wurde der erst elfjährige Herzog Johann Adolf von Schleswig-Holstein-Gottorf (1575–1616) zum evangelischen Fürstbischof gewählt. Damit erhoffte man sich die Unterstützung durch das mächtige Adelsgeschlecht, das in den folgenden Jahrhunderten die Lübecker Fürstbischöfe stellen sollte.

Fürstbischof Johann X. nahm 1634 in Eutin seinen ständigen Wohnsitz. 1689 fielen große Teile des Schlosses einem verheerenden Stadtbrand zum Opfer, doch der Wiederaufbau konnte bereits 1692 abgeschlossen werden. Erst ab 1717 entstand in einer zehnjährigen Umbauzeit unter dem kunstliebenden Fürstbischof Christian August (1673–1723) nach Plänen des schwedischen Hofbaumeisters Rudolf Matthias Dallin (um 1680–1743) die Residenz in ihrer heutigen Gestalt. Nach dem Vorbild des in Versailles geprägten barocken Repräsentationsstils entwarf Dallin an der helleren und wärmeren Südseite Wohn- und Repräsentationsräume, die, mit wertvollen Stuckaturen und Möbeln ausgestattet, aneinandergereiht sind wie Perlen auf einer Schnur und mit einander genau gegenüberliegenden Türen (Enfilade) versehen sind. Im Laufe des 18. Jahrhunderts blieb es friedlich und behaglich im Eutiner Schloss. Fürstbischof Friedrich August erbte zwar einen großen Berg Schulden von seinem Bruder Adolf Friedrich (1710–1771), der 1751 zum schwedischen König gekrönt wurde, aber mit der 40 000 Gulden schweren Mitgift seiner Gattin, Ulrike Friederike von Hessen-Kassel, konnte er sich davon befreien. Das Leben bei Hofe war, wie ein Chro-

Katharina II. von Russland
1729–1796, Sophie Auguste Friederike von Anhalt-Zerbst-Dornburg, als Zarin von Russland genannt die Große. Als Enkelin von Fürstbischof Christian August in Stettin geboren, war sie als junges Mädchen gern zu Gast im Schloss Eutin. Hier lernte sie auch ihren zukünftigen Gatten, den späteren Zaren Peter III. von Russland kennen. 1745 trat sie zum russisch-orthodoxen Glauben über. Nach einem gelungenen Staatsstreich 1762, bei dem ihr Gatte sein Leben verlor, regierte sie Russland bis zu ihrem Tod. Nachgesagt wird ihr bis heute, sie sei machtgierig, kriegslüstern und sexbesessen gewesen. Wahr ist aber auch, dass sie eine überaus verantwortungsvolle aufgeklärte Regentin gewesen ist, die sich der Kunst und Literatur widmete.

19

nist schrieb, »streng protestantisch und antikatholisch sowohl friderizianisch und antihabsburgisch, und vor allen Dingen etwas eintönig.«

Aber nun wurde es spannend, denn mit der Verbindung zum russischen Zarenhof begann das kleine Fürstentum zu größerer Bedeutung zu wachsen. Herzog Karl Friedrich von Schleswig-Holstein-Gottorf (1700–1739) heiratete 1725 die Tochter des Zaren Peter des Großen, Anna Petrovna, die aber schon drei Jahre später an der Schwindsucht verstarb. Ihr Sohn, Herzog Karl Peter Ulrich, bestieg 1762 als Peter III. für sechs Monate den Zarenthron. Seine Gattin, Sophie Friederike von Anhalt-Zerbst-Dornburg, hatte als Kind gern in Eutin geweilt. Als Katharina die Große regierte sie bis 1796 das russische Riesenreich. Nach dem Vertrag von Zarskoje Selo, den Katharina 1767 und 1773 aushandelte, wurde das Fürstbistum Lübeck durch die Grafschaften Oldenburg und Delmenhorst vergrößert. Im Zuge der Säkularisierung der Bistümer 1803 wurden die Fürstbischöfe zu Fürsten. Der Herzog von Oldenburg verlegte seine Hauptresidenz nach Oldenburg und nutzte Eutin fortan nur noch als Sommersitz.

Seit Herzog Peter Friedrich Ludwig in Eutin weilte, blühte das literarische und künstlerische Leben am Hofe. Der »Vater von Eutin« berief in seinen 44 Regie-

rungsjahren Strack und Tischbein als Hofmaler und den Homer-Übersetzer Voss als Rektor der Gelehrtenschule und begründete so den Ruf Eutins als »Weimar des Nordens«. Auch »PFL«, wie der Herzog liebevoll genannt wurde, hinterließ seine Spuren am Schloss. So erfolgte unter seiner Ägide die Umgestaltung des Schlossgartens zu einem klassischen englischen Landschaftsgarten, die Schleifung der Reste der alten Burgmauern und der Neuaufbau des Schlossvorplatzes.

Nach dem Ende des Ersten Weltkrieges und der Abdankung des letzten Oldenburger Herzogs Friedrich August blieb das Schloss im Besitz der Familie. Ein Teil der Räumlichkeiten wurde der Öffentlichkeit zugänglich gemacht. Im Zweiten Weltkrieg mussten ab 1940 nach dem »Gesetz über Sachleistungen für Reichsaufgaben« Räume des Schlosses freigegeben werden, so für Wehrmachtsdienststellen, das Archiv des Instituts für Weltwirtschaft und Weltverkehr der Universität Kiel und 1943 für die Bewohner eines Altenheims. Seit 1945 wurden im Schloss Flüchtlinge einquartiert.

Nach umfangreichen Sanierungsarbeiten eröffnete die herzogliche Familie 1961 einzelne Räume als Museum. 1967 in seiner Gesamtheit unter Denkmalschutz gestellt, wurde es bis 2006 aufwendig restauriert und begeistert heute mit seiner Architektur und originalen Ausstattung.

Friedrich August von Oldenburg
1852–1931, als August II. letzter Großherzog von Oldenburg. 1878 heiratete er Elisabeth Anna von Preußen und trat 1900 die Nachfolge seines Vaters Nikolaus Friedrich Peter an. Er zeigte ein starkes Interesse für die Marine, gründete 1900 den Deutschen Schulschiffverein (DSV) und erwarb selbst ein Kapitänspatent. Am 11. November 1918 musste er zurücktreten und verbrachte den Rest seines Lebens auf Schloss Rastede. Aufgefordert, auf dem Schloss in Oldenburg die rote Fahne der Revolution zu hissen, meinte er, es absichtlich missverstehend: »Nee, mien Jungs, dorto bün ik to old; dor kladdert ji man sülben rop!«

[11] Eutiner Schlossaffen

Bevor man die Brücke zum Haupteingang betritt, fallen rechts und links des Weges zwei ungewöhnliche steinerne Gesellen auf. Sind es Affen? Sind es Fabelwesen? Es sind »Hundeköpfige«, Fabelwesen mit einem Hundekopf und einem Paviankörper, im alten Ägypten eine Erscheinungsform des Gottes Thot. Solche 2000 Jahre alten Skulpturen sind 1883 bei Ausgrabungen im antiken Isis-Tempel von Rom gefunden worden. Großherzog August II. überließ Ende des 19. Jahrhunderts einem jungen begabten Bildhauer zwei große Findlingsblöcke. Dieser, gerade aus Rom zurückgekehrt, wo er die Originalskulpturen in den berühmten Antikenausstellungen der Kapitolinischen Museen bewundert hatte, schuf die beiden »Affen«, die zunächst am Oldenburger Schloss aufgestellt, von August II. aber nach Eutin verbracht wurden. Im Volksmund werden sie »Anton und Günther« nach dem vorletzten Herzog (1923–2014) genannt.

Gottorf oder Gottorp? Beide Schreibweisen sind richtig. Der Name steht einerseits für eine Nebenlinie des Fürstengeschlechts Haus Oldenburg, Schleswig-Holstein-Gottorf, andererseits für das Schloss ebenjenes Fürstengeschlechts, Schloss Gottorf in der rund 80 Kilometer entfernten Stadt Schleswig, das im Niederdeutschen Slott Gottorp, im Dänischen Gottorp Slot und im Hochdeutschen Schloss Gottorf heißt.

[12] Eutiner Roland

Links neben dem Portal kann man eine Sandsteinfigur mit Vollbart und Schwert entdecken. Es handelt sich dabei wahrscheinlich um den Eutiner Roland von 1583.

Eigentlich findet man Rolandsfiguren auf den Markt- plätze der Städte, deren Markt- und Gerichtshoheit sie einst symbolisierten. Auch dieser Roland hat mögli- cherweise auf dem Markt gestanden, weshalb er an die Schlossmauer gelangt ist, weiß man nicht genau. Anders an ihm sind zudem die Krone und der Reichsapfel. Des- halb meinte man, ein Abbild Karls des Großen vor sich zu haben. Auch dies ein Rätsel, das bis heute nicht ge- klärt werden konnte. Es handelt sich bei dem Mauer- Roland übrigens um eine Kopie – das Original steht heute im Erdgeschoss des Südflügels.

Durch die Toreinfahrt, vorbei an den Fischen an der linken Wand, die wahrscheinlich auf den reichen Fisch- bestand des Großen Eutiner Sees hindeuten bzw. ihn herbeiwünschen sollten, gelangt man in den idyllischen Innenhof des Schlosses.

[13] Schlosskirche

Seit 1293 befindet sich die Kapelle des Schlosses über einem gewölbten gotischen Keller im Winkel zwischen dem Ost- und dem Südflügel. Nach dem großen Brand wurde sie bis 1694 im barocken Stil umgestaltet. Nach dem Vorbild der Gottorfer Schlosskapelle wurde der längliche Raum mit einer umlaufenden Holzempore ver-

sehen, auf der im Osten über dem Altar die – selbstverständlich beheizbare – Fürstenloge liegt. Auch der Lübecker Fürstbischof fühlte sich als Herrscher von Gottes
Gnaden und somit berechtigt, seinen Sitz über dem Altar
zu nehmen. Putten tragen das Wappen des Herzogtums,
darüber wachen die zwölf Apostel. Der darunter im Ge-
genlicht nur schwer zu erkennende Altar mit einer Kopie der Rembrandt-Radierung »Kreuzabnahme« wird
bestimmt vom goldenen geschnitzten Akanthusrahmen.
Ebenso beachtenswert ist die Orgel. Gebaut wurde sie
1693/94 von Arp Schnitger (1648–1719), einem der
berühmtesten Meister der barocken norddeutschen
Orgelbaukunst. Nicht nur der barocke Orgelprospekt,
sondern auch die Qualität der Orgel war von allerhöchs-
tem Niveau. 1862 erfolgte ein technischer Neubau des
Orgelwerkes mit dem Ziel eines mehr romantisierenden
Klangs, um die Klangfülle eines großen Orchesters ab-
zubilden. Bei einer weiteren Restaurierung im Jahr 2008
wurden links und rechts des Spieltisches die originalen
Registerbeschriftungen von Schnitger entdeckt. Acht
Jahre lang wurde das Instrument von Franz Anton von
Weber, dem Vater des Komponisten Carl Maria von Weber, als Hofkapellmeister bespielt.

[14] Rundgang durch die Innenräume

Im ersten Stock des Süd- und des südlichen Westflügels
lagen seit dem Umbau des Schlosses durch Baumeister
Dallin die Wohn- und Schlafräume der Herzogin. Die
Ausstattung des **Audienzzimmers** (auch Strack-Zimmer)
entspricht ganz seinem Zweck: es ist auf Repräsentation
ausgelegt. Gemälde, eine reiche Stuckdecke, prächtiges
Mobiliar und ein Kronleuchter runden den repräsentati-
ven Charakter ab. Seinen Namen hat das Zimmer nach
den Gemälden des Hofmalers Ludwig Philipp Strack,
die hier in größerer Anzahl vertreten sind. Das links neben der Eingangstür hängende Stillleben wird der Zarin
Katharina der Großen zugeordnet, die in ihren Schlös-
sern verschiedene Ateliers hatte, und das Gemälde ihrer
Mutter widmete.

Der **Rote Salon** hat seinen Namen von der wertvollen
seidenen Tapete erhalten, mit der das ehemalige Wohn-
zimmer der Herzogin bespannt ist. Hier trifft man auf
fünf Porträts aus der großherzoglichen Gemäldesammlung. Als Zeichen der Königswürde sind die Pendant-
porträts von Herzogin Luise Ulrike und ihres Gatten

*Franz Anton von Weber
1734–1812, Musiker,
Kapellmeister und Thea-
terdirektor. Weber tourte
bis 1779 mit verschie-
denen Theatergruppen
durch Deutschland, bis
er eine Anstellung als
Hofkapellmeister in
Eutin erhielt. Hier hatte
er nicht nur die Aufgabe,
Konzerte für den Hof in
der Orangerie zu leiten,
sondern auch in den
Gottesdiensten mit der
Hofkapelle für die Musik
zu sorgen. 1786 kam
in Eutin sein Sohn Carl
Maria von Weber zur
Welt, aber bereits sieben
Monate nach dessen Ge-
burt wurde Franz Anton
zwangspensioniert und
verbrachte sein Leben
fortan ruhelos als um-
herreisender Theaterdi-
rektor und Lehrer seines
hochbegabten Sohnes.*

Schloss, Roter Salon

Herzog Adolf Friedrich von Schleswig-Holstein-Gottorf
mit einem bekrönten Goldrahmen geschmückt. Luise,
eine der sechs Schwestern des preußischen Königs Friedrich des Großen, heiratete mit 24 Jahren Adolf Friedrich, der 1751 König von Schweden wurde. Ihr Sohn, als
Gustav III. König von Schweden, wurde 1792 während
eines Maskenballs ermordet – ein Mord, der mit der
Oper »Un ballo in maschera« von Guiseppe Verdi in die
Musikgeschichte einging.

Eines der dekorativsten Gemächer des Schlosses ist
das **Europazimmer** (ehemaliges Schlafgemach). Das
großformatige Deckengemälde »Raub der Europa«,
nach dem der Raum benannt ist, und die tiefblaue
Wandbespannung erzeugen einen edlen Zusammen-
klang, der unterstrichen wird von den plastisch auf-
wendigen Stuckaturen. Die im 18. Jahrhundert bekannten vier Erdteile – Europa, Asien, Afrika und
Amerika – sind durch jeweils eine personifizierende
Stuckfigur und ein allegorisches Gemälde dargestellt.
Außerdem hängen hier Gemälde der zukünftigen Zarin
Katharina der Großen und ihres Gatten, des kurzzei-
tig amtierenden Zaren Peter III. Die Tapetentür in der
Wandbespannung verband die Schlafzimmer des herzoglichen Ehepaares.

Vorbei am kleinen Turmzimmer, dem Teesalon der
Herzogin, dem Silhouettenzimmer (Ankleidezimmer)

und dem »Scharnierraum« (Raum für Tafelwäsche und Geschirr) kommt man zur Kachelküche. Einst die private Teeküche der Herzogin, in der z.B. der abendliche Schlummertrunk zubereitet wurde, wurde sie etwa um 1720 mit kobaltblauen und braunen Delfter Kacheln gefliest.

Zu Beginn des 17. Jahrhunderts lag das Schlafzimmer des Herzogs im Nordwestturm. Erst mit dem Umbau unter Dallin erfolgte der Umzug der herzoglichen Wohn- und Schlafräume in das Erdgeschoss, und die freiwerdenden Räume konnten zu Repräsentationszwecken genutzt werden. Das **Gottorfzimmer**, ursprünglich die Junkerkammer, wurde unter Herzog Peter Friedrich Ludwig als größerer Raum für Abendgesellschaften genutzt. Anregungen dafür erhielt »PFL« wohl auf seinen ausgedehnten Reisen durch Europa. Die Wände zieren Gemälde aller Mitglieder der herzoglichen Familie, darunter zwei von Johann Heinrich Wilhelm Tischbein (dem Goethe-Tischbein) aus dem Jahre 1817.

Nach dem Tapetenzimmer mit der biedermeierlichen blauen Wandbespannung gelangt man zum **Großen Speisezimmer** mit der festlichen Tafeldekoration und den Porzellankonsolen. Hier befand sich ursprünglich des »Herzogs Schlafkammer« und seit 1850 der Raum für zeremonielle Soupers. Ein Treppchen garantierte die schnelle Versorgung mit Speisen und Getränken aus der

Schloss, Europazimmer

Schloss, Rittersaal

darunterliegenden Schlossküche, die auch für die wirklich großen Feste im angrenzenden Rittersaal zuständig war.

Der **Rittersaal** ist der größte Raum im ganzen Schloss, gebaut und mehrfach umgestaltet für rauschende Bälle, Theateraufführungen, Konzerte und den Empfang bedeutender Persönlichkeiten. Die hohe Decke wird beherrscht von zwei Tondos (Rundbildern) aus der Zeit um 1670. Alte Quellen behaupten, dass im Rittersaal 86 z.T. großformatige Bildnisse aus der umfangreichen Gemäldesammlung des Schlosses gehangen haben. Diese wurde bereits von »Bischof Hans« gegründet und in erster Linie von Herzog Peter Friedrich Ludwig erweitert. In der Hauptsache besteht die Sammlung aus Porträts, deren künstlerischer Wert manchmal als durchschnittlich bewertet wird, deren kulturhistorische Bedeutung jedoch unbestritten ist. Man findet aber auch Gemälde bedeutender Künstler in der Sammlung. Zu nennen wären z.B. der Homer-Zyklus und die Porträts von Tischbein oder die Werke des Gottorfer Hofmalers und Rembrandt-Schülers Jürgen Ovens (1623–1678). Heute wird der Rittersaal für Konzerte genutzt, die besonders während der jährlich stattfindenden Eutiner Weber-Tage auf überregionales Interesse stoßen.

Über den Flur und vorbei am Dégagement, dem prächtig eingefassten Abtritt, gelangt man nun ins **Bie-**

dermeierzimmer, so genannt wegen seiner um 1820 im Stil des Hamburger Biedermeier gefertigten Möbel. Hier hängen Kinderporträts der herzoglichen Familie, dabei auf einem Gemälde des »Leipziger Tischbeins« die beiden Söhne von Peter Friedrich Ludwig. Der ältere, Paul Friedrich August (1783–1853) übernahm 1829 den Titel des Großherzogs und die Regierung. Sein jüngerer Bruder, Peter Friedrich Georg (1784–1812), hier noch im Kleidchen, heiratete 1809, um die dynastischen Beziehungen zu Russland nicht abbrechen zu lassen, die Schwester des russischen Zaren, Katharina Pawlowna.

Durch das **Katharinenzimmer** mit dem Altersporträt der Zarin, die nach ihrer Heirat Eutin nie wieder besuchte, den prächtigen **Gelben Salon** und das **Gobelinzimmer** gehend, steht man unversehens vor dem pompösen **Paradebett**, das ursprünglich für einen Besuch des preußischen Königs Friedrich II. gebaut wurde. Der König kam nicht nach Eutin, dafür aber fanden die Locationsucher von Regisseur Bob Fosse 1972 Schloss und Bett als Drehort für den Film »Cabaret« mit Liza Minelli in der Hauptrolle.

Im Flur haben die **Schiffsmodelle** ihren Platz gefunden, die, im frühen 18. Jahrhundert gefertigt, beeindruckend anzuschauen sind, deren genauer Weg ins Schloss Eutin aber noch nicht nachvollzogen werden kann.

Schloss, Gobelinzimmer

[15] Schloss- und Küchengarten

Schlossgartenführungen über Tourist-Info Eutin
(Öffnungszeiten siehe Seite 3)
Tickets für die Eutiner Festspiele Am Schlossgarten 7,
Mo–Fr 10–15 Uhr, Tel. 04521 8 00 10, ticket@eutiner-
festspiele.de

*Paul Wunderlich
1927–2010, Maler,
Zeichner und Bildhauer.
Wunderlich wurde in
Eberswalde geboren
(wo heute das Kreishaus
mit einer Wunderlich-
Dauerausstellung seinen
Namen trägt), musste
als Achtzehnjähriger als
Flakhelfer in den Krieg
und zog nach Entlassung
aus der Kriegsgefangen-
schaft zu seiner Mutter
nach Eutin. Hier legte
er am Voss-Gymnasium
sein Abitur ab und
besuchte Oskar Kehr-
Steiners Kunstschule.
Mit Unterbrechungen
studierte er an der Kunst-
hochschule in Hamburg
und wirkte dort als Lehr-
beauftragter. Seit etwa
1959 bildete sich der
für ihn charakteristische
neosurrealistische Stil
heraus, der häufig eroti-
sche Themen behandelte.
Seit den 1970er Jahren
schuf Wunderlich auch
Bronzeplastiken nach
eigenen Zeichnungen
oder Gemälden.*

Seit 200 Jahren steht der herzogliche Schlossgarten auch den Bürgern der Stadt zur Verfügung. Er ist einer der bedeutendsten Landschaftsgärten Norddeutschlands. Bereits zu Beginn des 14. Jahrhunderts richtete der Arzt und Bischof Heinrich II. auf dem nördlichen Areal einen Medizingarten ein. Auf der Stadtansicht von 1590 erkennt man südlich der Schlossanlage weidendes Dammwild, ein Hinweis auf die Nutzung des Geländes für die fürstliche Jagd. Im 17. Jahrhundert entstand daraus ein Zier- und Nutzgarten. Fürstbischof Johann Friedrich ließ die Flächen einebnen. Erste Bewässerungsgräben entstanden, um die Wasser des Sumpfes abzuziehen. Nach holländischem Vorbild gliederte sich der Garten in Baum- und Melonengarten; ein Feigenhaus und eine Orangerie kamen hinzu, zwei Brodieparterres und zwei Fontänenbassins. Der Ästhet Fürstbischof Christian August war es schließlich, der seinen Gartenbauinspektor Johann Christian Löwen, genannt Lewon (um 1690–1760), beauftragte, einen prunkvollen Lustgarten im Versailler Stil zu gestalten. Hecken, Labyrinthe, Kaskaden und Wasserspiele bestimmten das Bild des Gartens, der zum Ende des 18. Jahrhunderts von Herzog Peter Friedrich Ludwig in einen englischen Landschaftspark umgewandelt wurde. Der Gartentheoretiker Christian Cay Lorenz Hirschfeld (1742–1792), Hauslehrer Peter Friedrich Ludwigs, entwarf Pläne für eine stimmungsvolle Landschaft, und der Hofgärtner Daniel Rastedt (gest. 1836), der auch der Schöpfer des Eutiner Friedhofes an der Plöner Straße ist, führte die praktischen Arbeiten aus. Scheinbar planlos fügen sich Wege, Rasenflächen, Architektur, Teiche und Baumgruppen in die Landschaft ein. Aber alles ist ganz bewusst so angelegt und folgt einem Konzept. Der Herzog hatte auf seiner zweijährigen Englandreise verschiedene Landschaftsgärten besucht und studiert. Sein ästhetisches Empfinden und seine philosophische Weltsicht waren von ihnen geprägt. So entwarf er einen Garten, dessen exakt kalkulierte Wegführung die Tages- und Jahreszeiten, die Himmelsgestirne, die

Flora-Statue im Schlossgarten

Weber-Hain
Eine weitere Ehrung erfuhr der große Sohn der Stadt im sogenannten Weber-Hain, einer Grünanlage, die sich zwischen Carl-Maria-von-Weber-Straße und Charlottenstraße befindet. Hier wurde 1890 das Weber-Denkmal nach einem Entwurf von Paul Peterich (1864–1937) enthüllt. Auf einem Obelisken aus Granit thront die Büste des gefeierten Komponisten. Die südöstliche Front des Hains bildet eine hüftho-he Mauer aus Feldsteinen mit einem Relief in der Mitte, das eine Szene aus Webers bekanntester Oper »Der Freischütz« darstellt.

Weisheit sowie Stärke und Schönheit symbolisiert. Seine großen malerischen Wirkungen waren nicht ohne erzieherischen Anspruch, verbanden sie doch das philanthropisch aufklärerische Denken mit Aspekten der Freimaurerei. In den letzten Jahren aufwendig saniert, ist der 14 Hektar große Schlossgarten ein wichtiger Bestandteil der Landesgartenschau 2016.

Ausgangspunkt des Spaziergangs durch den Schlossgarten ist der **Seepavillon** am südwestlichen Seeufer, am tiefsten Punkt des Geländes, gegenüber der Fasaneninsel. Seine sechs streng geometrisch angeordneten Säulen lassen sich zu jeweils einem Dreieck verbinden, die zusammengesetzt ein Hexagramm ergeben und als ein freimaurerisches Symbol verstanden werden können.

Der Weg führt weiter die von 120 Linden gesäumte Allee entlang, die geradewegs zur Kopie der **Flora-Statue** zu führen scheint. Ja, scheint, denn ein Wassergraben schneidet plötzlich den Weg ab. Umwege sind nötig. Wendet man sich nach links, also nach Osten, gelangt man zum **Tuffsteintempel**, der 1793/94 von dem dänischen Landbaumeister Christian Frederik Hansen gebaut wurde und seit 1844 Carl Maria von Weber gewidmet ist. An der höchsten Stelle des Gartens steht der Weisheitstempel. Der achteckige **Monopteros** mit seinen streng dorischen Säulen wurde 1793/97 von Hofbaumeister Peter Richter gebaut. Sandsteinsäulen tragen eine kassettierte kupfergedeckte Kuppel aus Holz. Im Steinfußboden erkennt man das eingelassene Sonnensymbol.

Der Spaziergänger passiert auf seinem Weg zwei künstlich angelegte **Wasserfälle**. Der große Wasserfall mit Grotte und Sandsteinbecken wurde 2015 vollständig freigelegt und wieder zum Fließen gebracht. Revitalisiert wurde auch der **Küchengarten**, an dessen nördlichem Ende die **Orangerie** für Veranstaltungszwecke gemietet werden kann. Als einzige erhaltene Orangerie der Barockzeit in Schleswig-Holstein wurde sie 1772 von Hofbaumeister Georg Greggenhofer gebaut. Hier gründete der Künstler Oscar Kehr-Steiner (1904–1990) nach dem Zweiten Weltkrieg eine private Kunstschule, deren berühmtester Schüler der Maler und Graphiker Paul Wunderlich war. Frisch saniert und sehenswert sind auch das Gärtnerhaus, die Klimamauer und die Kesselbäume.

Direkt am Großen Eutiner See liegt der Schauplatz der Eutiner Festspiele, eine der schönsten und romantischsten Naturbühnen. Eröffnet wurde sie 1951 selbstverständlich mit der Oper »Der Freischütz« von Carl Maria von Weber, die auch zur Landesgartenschauausstellung wieder auf dem Spielplan steht. Etwas fremd, aber dennoch berührend erscheint das Ehrenmal für die Gefallenen der beiden Weltkriege an der südlichen Spitze des Schlossgartens.

Georg Greggenhofer 1719–1779, Architekt. Greggenhofer wurde in Augsburg geboren und kam unter Friedrich August an den Eutiner Hof. Zunächst als »Kondukteur« unter dem Gartengestalter Lewon tätig, später als dessen Nachfolger und seit 1772 als Hofbaumeister, setzte er die von seinen Vorgängern begonnene Eutiner Bautradition fort. Er prägte sie entscheidend mit seinen spätbarocken Backsteinbauten wie der Orangerie und dem St. Georgs-Hospital. Aber nicht nur für Architektur war der Hofbaumeister zuständig: ihm unterstand auch die Dekoration der Bälle und Feste bei Hof.

Monopteros im Schlossgarten

[16] St. Michaelis-Kirche

Mo–Sa 10–16 Uhr, So 15–17 Uhr

Nach dem Sieg des Christentums über die slawischen Stämme der Wagrier im 12. Jahrhundert, die in der damals natürlich noch nicht so benannten Holsteinischen Schweiz siedelten und die fast vollständig vertrieben wurden, muss die Landschaft um Eutin öde und leer gewesen sein. Graf Adolf II. von Schauenburg, mit den Grafschaften Holstein und Wagrien belehnt, betrieb die sogenannte »Ostkolonisation«, d.h. er holte aus dem wirtschaftlich weiter entwickelten Westen des Heiligen Römischen Reiches deutscher Nation Kolonisten, Friesen und Südholländer, um die Wirtschaft aufzubauen und somit seine Herrschaft und das Christentum zu stärken. Lübeck wurde Bischofssitz. Der Hofkaplan von Heinrich dem Löwen in Braunschweig, Gerold, wurde zum Bischof ernannt, weigerte sich aber zunächst, nach Wagrien zu gehen, denn dort fände er nichts zu beißen. Also wurde Graf Adolf II. angewiesen, dem Bischof »dreissig Hufen Ackerland« zuzuweisen (die Hufe, ein altes Flächenmaß, war je nach Gegend zwischen sechs und 18 Hektar groß). Auch Eutin gehörte dazu. Bischof Gerold legte daraufhin den Markt an und errichtete als geistlichen Mittelpunkt eine Kirche. Geweiht wurde sie dem kämpferischen Erzengel Michael.

Der erste Priester ist im Jahre 1240 urkundlich nachweisbar, und 1257 erhielt der Marktflecken das Lübische Stadtrecht. Die politische Bedeutung des Territoriums wuchs in so ungeheurem Maße, dass es 1274 die Reichsunmittelbarkeit erhielt und den Bischof von Lübeck zum Fürsten mit Sitz und Stimme im Reichstag machte. Aber immer wieder kam es zu Streitigkeiten zwischen Domkapitel und den Bürgern Lübecks, ein Geschacher um Posten und Pfründe, was im 13. Jahrhundert mehrmals zum offenen Bruch führte. Erstmalig 1277 suchten Bischof Burkhard von Serkem und Domkapitel Schutz in Eutin. Von einer Romreise brachte Burkhard eine besonders wertvolle Reliquie mit: einen der zahllosen Splitter vom Kreuze Christi. Eingefügt wurde sie unter einem Bergkristall am Corpus des Kreuzes am Triumphbogen. Eine Kirche, die solch eine Reliquie besaß, gewann natürlich an Ansehen und finanzieller Macht, denn zahlreiche Pilger kamen herbei. Und so war es auch St. Michaelis, an dem Burkhard während seines zweiten Exils in Eutin 1308 ein Kollegiatstift gründete.

*Das **Eutiner Kollegiatstift** wurde 1308 von Bischof Burkhard von Serkem gegründet. Es war eine Gemeinschaft von Weltgeistlichen, die sich in St. Michael zu gemeinsamen Gottesdiensten trafen, das gemeinsame Stiftungsvermögen verwalteten, aber anders als Mönche keinem Orden angehörten und jederzeit die Gemeinschaft verlassen konnten. Das Eutiner Kollegiatstift wurde 1803 aufgelöst und sein Besitz im 1804 gegründeten Amt Kollegiatstift verwaltete.*

34

Jagdpavillon am Ukleisee (Zum Ukleisee 19, 23701 Eutin, Mai–Sept. Di–So 11–16 Uhr)
1776 errichtete Hofbaumeister Georg Greggenhofer im Auftrag von Fürstbischof Friedrich August ein spätbarockes Lusthaus. Der Belvedere-Bau liegt auf einer Anhöhe zwischen Uklei- und Kellersee. Der verputzte Fachwerkbau, eingeschossig und mit einem Saal als Zentrum, wurde als Teepavillon, Lusthaus und für Jagdgesellschaften des Eutiner Hofs genutzt. 1994 gründete sich die »Sparkassenstiftung Jagdschlösschen«, die hier seit der gründlichen Renovierung im gleichen Jahr Kulturveranstaltungen und Konzerte im Festsaal durchführt.

Die Reformation, reichlich zweihundert Jahre später, verlief auch in Eutin nicht reibungslos. 1535 wählte das Lübecker Domkapitel den Lutheraner Detlev von Reventlow zum Bischof. Der entsandte den lutherischen Gemeindepfarrer Paulus Severin nach Eutin. Die zahlreichen Priester des Eutiner Kollegiatstifts, die dem alten Glauben anhingen, verwehrten es ihm jedoch, lutherische Gottesdienste im Chor abzuhalten – er musste für längere Zeit mit dem Langhaus vorliebnehmen. Im Zuge der Reformation wandelte sich das Hochstift Lübeck zu einem protestantischen Fürstbistum, dessen Fürstbischof die staatliche Souveränität ausübte. Seit 1586 wurde er aus dem Hause Holstein-Gottorf (seit 1774 auch Herzogtum Oldenburg) gewählt.

In der Regierungszeit Peter Friedrich Ludwigs brach 1789 die Französische Revolution aus. Zum letzten Mal trat 1802 der »Immerwährende Reichstag« in Regensburg zusammen und beschloss im »Reichsdeputationshauptschluss« die Verteilung aufgelöster kirchlicher Reichsgüter an die Landesherren, die den Verlust linksrheinischer Gebiete zu beklagen hatten, und die Abschaffung der Weserzölle, die für das Haus Oldenburg bisher eine erhebliche Einnahmequelle bedeutet hatten. Das Hochstift Lübeck wurde aufgelöst und in das erbliche Fürstentum Lübeck umgewandelt. Fortan regierte über Eutin ein »Fürst zu Lübeck«, zwölf Jahre später ein »Großherzog«. Für St. Michaelis bedeutete dies, seine Einnahmen aus dem nun aufgelösten Kollegiatstift zu verlieren und seine Ausgaben aus den sogenannten Staatsleistungen des Fürsten bestreiten zu müssen. Bis zum Beginn des 19. Jahrhunderts gab es zwei Gemeinden in Eutin, die als Stadtkirche bezeichnete St. Michaelis-Kirche und die Hofkapelle. Oft versahen die Superintendenten der Stadtkirche gleichzeitig auch das Amt des Hofpredigers.

Die 40 Meter lange, backsteinerne dreischiffige Basilika mit ihren niedrigen Seitenschiffen zählt zu den kleineren spätromanischen Bauten. Im Obergaden finden sich Rundbogenfenster sowie reiche Friese aus gekreuzten Rundbögen oder Rauten und Strombänder. Mit der Erhebung zum Kollegiatstift wurde der polygonale Chorraum einer Umgestaltung unterzogen. Er ist so breit wie das Mittelschiff, jedoch von geringerer Höhe. Das Licht, das durch die zweiteiligen Spitzbogenfenster fällt, macht ihn weit und hell. Wohl während einer Neuerrichtung des Dachstuhls um 1443 erhielt die Kirche ein dünnrippiges Kreuzgewölbe. Die Mitteljoche des südlichen Seitenschiffs wurden um 1500 durch eine fast quadratische Kapelle ersetzt, die sich östlich anschließenden verbreitert. Der frühgotische Turm hat eine Höhe von 57 Metern und wird von einem steilaufragenden achteckigen Spitzhelm bekrönt, der aussieht, als neige er sich nach Osten.

Carl Stiehl
1826–1911, Dirigent und Musikwissenschaftler. Der in Lübeck geborene Stiehl studierte an den Musikhochschulen Weimar und Leipzig, kam 1858 als Organist an St. Michaelis in Eutin und wurde im gleichen Jahr Hofkapellmeister. Seit 1877 wieder in Lübeck lebend, erwarb er sich besondere Verdienste um die Erforschung der Aufführungspraxis der Werke Dietrich Buxtehudes und der Musikgeschichte Lübecks. 1883 verlieh ihm der Großherzog den Professorentitel.

Der Rundgang durch St. Michaelis, der vom Südportal aus beginnt, bietet dem Besucher viele wertvolle Ausstattungsstücke. Im Hauptschiff fallen zunächst zwei Holzepitaphien auf, die wohl lübischer Herkunft sind. An der Südwand findet man das Bahr-Epitaph, 1666 dem Eutiner Bürgermeister und Arzt Thomas Bahr gestiftet. Bahr wirkte in den Zeiten des Dreißigjährigen Krieges in wohltätiger Weise für die Stadt und starb 1650. An der Wand gegenüber hängt das Meyer-Epitaph aus dem Jahr 1670. Erst vor wenigen Jahren restauriert, zeigt es im Mittelpunkt das kniende Stifterpaar, umringt von weiblichen Figuren, die Glaube und Hoffnung symbolisieren.

Durch das nördliche Seitenschiff kommt man zur Kanzel. 1653 von »Bischof Hans« gestiftet, ist sie ein Meisterwerk der Spätrenaissance. Im nördlichen Seitenschiff trifft man auf zwei weitere Epitaphien, das Brüggemann-Epitaph von 1600 an der Westwand und das Sehestedt-Epitaph von 1572 an der Ostwand. Auf dem Fußboden kann man dreizehn weitere Grabplatten zählen. An der östlichen Wand des Nordschiffes befindet sich auch der Eingang zur Kapelle mit dem neobarocken Schönfeldt-Altar von 1878, der bis 1960 als Hauptaltar von St. Michaelis diente.

Über zwei Stufen betritt man nun unter dem Triumphbogen hindurch den Chorraum. Der Corpus des Kruzifixes stammt aus dem 14. Jahrhundert, deutlich erkennt man auf der Brust den Bergkristall, in dem sich die Kreuzesreliquie befand. Sie teilt sicher das Schicksal vieler Reliquien, die während der Reformation entfernt und vernichtet wurden. Der Altar besteht aus Steinblöcken. Der barocke Vorgängeraltar von 1650 stammte von einem der bekanntesten Maler Schleswig-Holsteins, Jürgen Ovens. In St. Michaelis findet man seit 2007 wieder sein großes Auferstehungsgemälde von 1667 und die Predella, beide nach dem Abbruch des Altars 1878 in Vergessenheit geraten, erst 1970 schwer beschädigt wiederentdeckt und restauriert. Links hinter dem Altar, an der nördlichen Wand unter dem Apsisfenster, entdeckt man eine Grabtafel, die kulturhistorisch interessant und berührend ist. Der Tod von Tim Woebs wird hier beklagt, 1692 im Alter von nur neun Jahren verstorben. An der gegenüberliegenden Chorwand steht ein siebenarmiger Bronzestandleuchter aus dem Jahr 1444 mit dem Heiligen Michael. Im Chorgewölbe kann man noch die Reste von Ausmalungen aus der ersten Hälfte des 14. Jahrhunderts erkennen. Von den Stufen zum Chorraum blickt man zur Orgelempore. Nach fünf Vor-

Fürstbischof August Friedrich nahm Tim Woebs im Alter von vier Jahren an den Hof und ließ ihn unterrichten. Obwohl kleinwüchsig, zeichnete er sich durch Schönheit und »herrlichen Verstand« aus. Der Hinweis darauf, dass er »zu Türke« geboren sei, verweist nicht auf türkische Wurzeln. Vielmehr stammte Tim aus dem Dorf Thürk in der Amtschaft Eutin. Seine Aufnahme bei Hofe erfolgte nicht aus Wohltätigkeit, sondern gehörte zur Hofhaltung. Zwerge wurden, ebenso wie Mohren, Gaukler oder Riesen, den Gästen gern zur Unterhaltung geboten.

gängerorgeln erbaute die Schweizer Firma Metzler 1987 die Orgel wie auch das Gehäuse. Insgesamt 2281 Pfeifen erklingen, und auf drei Manuale und ein Pedal sind 35 klingende Register verteilt. Vor den Altarstufen steht die bronzene Tauffünte von 1511.

An der östlichen Wand des südlichen Seitenschiffs, unscheinbar und bescheiden, wurde die größte Kostbarkeit von St. Michaelis angebracht. Die Mondsichelmadonna von 1322, aus Eiche geschnitzt, war wohl ursprünglich Teil eines Altars. Mit dem Apfel in der Hand ist sie als neue Eva dargestellt. Später als Leuchter gefasst, wurde sie 1760 vom »Amt der Schneider« repariert, die zudem »sechß neue Arms machen laßen«, wie man der umlaufenden Inschrift entnehmen kann.

*Friedhof Eutin
(Plöner Str. 59, 23701 Eutin)
Nachdem der alte Begräbnisplatz rund um St. Michaelis zu klein geworden war, legte die Stadt nach Plänen des Hofgärtners Daniel Rastedt 1786 einen neuen Friedhof außerhalb der Stadt an. Auf dem über zehn Hektar großen parkähnlichen Gelände findet man auch die Gräber von Johann Heinrich Tischbein, Christian Friedrich Hellwag, Gerhard Anton von Halem und Wilhelm Wisser.*

[17] Hofapotheke

Heinrich Wilhelm Wisser 1843–1935, Gymnasial-professor, Märchen- und Mundartforscher. Als be-gabter Sohn eines Schuh-machermeisters besuchte er das Gymnasium in Eutin und studierte alte Sprachen und Germanis-tik in Kiel und Leipzig. Während seiner Tätigkeit an Gymnasien in Eutin, Jever und Oldenburg sammelte Wisser platt-deutsche Märchen, die er sich, wie die Gebrüder Grimm, von alten Leuten erzählen ließ. Auch »phonographische« Untersuchungen alter Märchen unternahm er. Im Volksmund wurde er »Der Märchenprofessor« genannt. Die Kate in Braak, in der er auf-wuchs, steht heute unter Denkmalschutz.

Die Königstraße ist nicht die Via Regia Eutins, sondern hieß ursprünglich Unter dem Turme und erhielt ihren heutigen Namen, weil die Schützengilde ihren Schützen-könig vom Schießplatz auf dem Königsberg durch diese Straße zum Marktplatz geleitete. In der Nr. 13, einem zweigeschossigen Fachwerktraufenhaus mit einem Gie-belerker aus dem Jahre 1694, verkaufte seit 1714 Hof-apotheker August Friedrich Boye nicht nur Pillen und Wässerchen, sondern er war auch ein Anlaufpunkt für medizinische Fragen aller Art. Über der Mitte der Front prangt das großherzogliche Wappen. Im Inneren kann man auf freundliches Nachfragen bei der Sparkasse ei-nen der berühmten Tischbein-Öfen besichtigen.

[18] Stadtbucht und Rosengarten

www.eutiner-seerundfahrt.de

Beliebt bei den Bürgern Eutins und ihren Gästen ist die Promenade der Stadtbucht des Großen Eutiner Sees. Sie wurde 2015 mit Holzplanken und einem neuen Anle-gesteg für den Ausflugsdampfer »Freischütz« versehen. Die Wege sind mit Basalt gepflastert, und neu gepflanzte

Amberbäume spenden Schatten. Auch nach der Landesgartenschau wird der direkt an der Stadtbucht gelegene
Kirchgarten mit seinen zwei Federbuchen als Veranstal-
tungsort für Gäste und Bürger frei zugänglich bleiben.
Der Rosengarten ist ein seit 1928 mit Rosen bepflanzter
öffentlicher Zugang zur Seebucht. Nördlich schließt sich
der neu gestaltete Seepark an, mit Spielanlagen für alle
Altersgruppen, Wegen und Stegen sowie Plätzen zum
Ausruhen, Träumen und Entspannen.

[19] Dumm Hans

Zu Ehren des plattdeutschen Märchenerzählers Wilhelm
Wisser streckt am Ausgang des Rosengartens die Figur des
Dumm Hans den Besuchern den Finger entgegen. In der
dreibändigen Sammlung »Wat Grotmoder vertellt« von
Wisser ist Dumm Hans eine zentrale Figur. Dumm Hans,
ein »plietscher Bauernjunge«, der viel »dumm Tüch« an-
stellte, stand am Ende der Märchen immer als der Klügere
da. Sein Denkmal schuf der Bildhauer Karlheinz Goedtke
1990. Zur Finanzierung der Bronzeplastik, von Stadt-
vertretern als Schnapsidee bezeichnet, wurde die »Maat-
schap Dumm Hans e.V.« gegründet, die eigens dafür an-
gefertigte Buttons und Teller verkaufte und sich nach der
feierlichen Enthüllung der Skulptur wieder auflöste.

Voss in Eutin
*Seit 1782 lebte Voss in
Eutin. Graf von Stolberg
hatte seine Anstellung bei
Herzog Peter Fried-
rich Ludwig angeregt.
Zunächst zog Voss in
ein kleines Haus in der
Wasserstraße. Aber dies
war der einzige Zugang
zum Wasser, und das zu
tränkende Vieh wurde
tagtäglich unter seinen
Fenstern vorbeigetrieben.
Kein Gedanke an ruhiges
Arbeiten! Für kurze Zeit
lebte er im alten Rat-
haus, aber dort lärmten
Stadtvertreter und das
Volk. Endlich, am 1. Mai
1784, konnte er in das
spätere Voss-Haus zie-
hen. Hier war Platz für
die zahlreichen Gäste,
für Feste, für geistreiche
Gesprächsrunden – und
es herrschte Stille für die
Arbeit.*

[20] Wasserturm

Mai–Sept.: Di–So 11–16 Uhr

Anschließend erreicht man den Vossplatz. Hier stand
einst das Voss-Haus (Nr. 2), das einem Brand im Januar
2006 zum Opfer fiel. Voss bewohnte es von 1784 bis
1802 und empfing unzählige Gäste. 1885 als Hotel ausgebaut, logierten hier wieder illustre Persönlichkeiten
wie Kaiserin Auguste Viktoria, Heinz Rühmann sowie
die Bundeskanzler Adenauer, Kiesinger und Brandt.

Über den Vossplatz gelangt man in eine ansteigende
Straße, die den schönen Namen Langer Königsberg trägt.
Von ihr zweigt der Runde Königsberg ab. Wie auch die
Königstraße erhielten beide ihren Namen vom Königs-
schießen der Schützengilden. Das einstige Kleinstadtidyll
ist trotz einiger Abrisse und gesichtsloser Neubauten
noch erkennbar. In der Nr. 1 lebte zu Beginn des 19. Jahrhunderts der Ratsmusikus Carl Bernhard Fürstenau. Bei
ihm war Carl Maria von Weber zu Gast, als er 1820, in-
zwischen Hofkapellmeister in Dresden und ein berühm-
ter Komponist, auf einer Konzertreise in Eutin weilte.
Weber besuchte die alten Wirkungsstätten seines Vaters,
die Hofkapelle und die Orangerie, kehrte bei Tischbein
in der Stolbergstraße ein und probte mit dem Orchester
und dem Gesangsverein. Auch dirigierte er ein Konzert

im Rathaus, was die Eutiner über alle Maßen begeisterte.

Gleich gegenüber der Mündung des Langen Königsbergs in die Bismarckstraße steht der historische Wasserturm. Auf 51 Metern über Normalnull und mit einer Höhe von 39 Metern ist er der höchste Punkt im Stadtgebiet. 1909 fertiggestellt, war er der zentrale Speicher der städtischen Wasserversorgung Eutins. Sein Tank mit 250 Kubikmetern Fassungsvermögen war bis 2006 immer gefüllt. Nach einer dreijährigen Sanierungszeit konnte der Turm 1995 wieder seiner doppelten Nutzung übergeben werden: er dient sowohl als Reservetank wie auch als Aussichtsturm. Im Inneren des Turmes befindet sich eine Ausstellung solarisierter Fotos aller 63 noch stehenden Wassertürme Schleswig-Holsteins.

[21] Carl-Maria-von-Weber-Schule

An der Johann-Heinrich-Voss-Schule in der Bismarckstraße 14 vorbei, einem neobarocken Schulbau von 1913, gelangt man über die Treppenanlage der Himmelsleiter wieder hinunter auf die Plöner Straße. Das Carl-Maria-von-Weber-Gymnasium in der Plöner Straße 15 wurde 1831/33 erbaut. Der repräsentative Putzbau trägt klassizistische Bauformen mit einer Attika, Mittelrisalit und einem Säulenportal. Zunächst Vereinigte Bürger- und

Der Publizist Garlieb Merkel über Voss:
»Nach einer Reihe von frohen Tagen [...] fühlte ich das Bedürfnis eines höheren Genusses. Ich lehnte ein paar Einladungen ab, und fuhr nach Eutin, wo Voss damals noch Rektor war. Ich fand einen etwa fünfzigjährigen Mann, mit einem ehrwürdig-einfachen Aeussern, dessen ruhige starke Gesichtszüge nicht sowohl viel sagten, als etwas Grosses zu verschweigen schienen. Er nahm mich mit patriarchalischer Freundlichkeit auf, und ich verlebte zwei Tage mit ihm, die mir eben so lehrreich als angenehm waren, und deren Eindruck mir nie erloschen ist.«

Gelehrtenschule, nach 1859 humanistisches Gymnasium, trägt die Schule seit 1955 den Namen des großen Sohnes der Stadt. Allerdings gibt die 1883 geschaffene Voss-Büste vor dem Eingang zu allerlei Missverständnissen Anlass und führt leicht zur Verwechslung mit der Voss-Schule. Seit 1703 befand sich die Gelehrtenschule in der Schlossstraße 9. Dem Domkapitel in Lübeck unterstehend, existierte sie als Lateinschule seit 1309. Dort unterrichtete Johann Heinrich Voss von 1782 bis 1802. 1821 erfolgte eine grundlegende Reform des Eutiner Schulwesens, und aus den Klassen der ehemaligen Stadtschule und der Gelehrtenschule ging die Vereinigte Bürger- und Gelehrtenschule hervor. 1834 zogen deren Schüler in das Gebäude hier in der Plöner Straße. 1859 erfolgte eine erneute Trennung in ein staatliches Gymnasium und eine städtische Schule, die 1937 den Namen Voss-Schule erhielt.

Carl Maria von Webers Name

Wie kann man es sich erklären, dass der katholische Franz Anton von Weber in der Kapelle der evangelischen Hofgemeinde in Eutin seinen Sohn Carl Friedrich Ernst von Weber auf den Namen Maria taufen lassen konnte? Eine Untersuchung des Taufeintrags verrät: der Name Maria wurde erst Jahre später von anderer Hand nachgetragen. Von 1802 bis 1830 wirkte Johann Gustav Pfeiffer zunächst als Diakon, später als Hauptpastor in Eutin. Wahrscheinlich bei einem der beiden späteren Besuche Webers in der Stadt, 1802 oder 1820, kam der Eintrag »Maria« in Pfeiffers Handschrift hinzu – der Grund dafür liegt im Dunkeln.

[22] Alte Mühle Eutin

Restaurant Di–Fr ab 18 Uhr, Sa/So ab 17 Uhr

Im Mühlenweg, links von der Plöner Straße abzweigend, thront die letzte der einst fünf Mühlen Eutins. Sie ist eine der über einhundert Mühlen, die Carl Friedrich Trahn im 19. Jahrhundert in Deutschland gebaut hatte. Die Holländerwindmühlen lösten seit dem 16. Jahrhundert die bisher üblichen Bockwindmühlen ab und bestanden aus einem gemauerten Unterbau und einem aus Holz oder Stein gefertigten Turm mit einem Kopf. Dieser war beweglich und trug die Flügel. Eine Windrose drehte das Dach stets in die richtige Windrichtung. Die Flügel der »Moder Grau« genannten, 18 Meter hohen Eutiner Mühle haben eine Länge von 22 Metern und sind 2,5 Meter breit. 1965 stillgelegt, 1970 zum Kulturdenkmal erklärt und 1994 grundlegend restauriert, beherbergt sie heute eine Wohnung und ein Kneipenrestaurant.

[23] Geburtshaus von Carl Maria von Weber

Zurück auf die Plöner Straße, in der sich weiter stadtauswärts der Friedhof mit zahlreichen Gräbern Eutiner Persönlichkeiten befindet, biegt man links in die Bahnhofstraße ein. Man passiert zunächst den Bahnhof, einen

1865 erbauten Flankenbau in schlichtem Neorenaissancestil, in dessen linkem Anbau sich die Empfangsräume der großherzoglichen Familie und deren Gäste befanden. Nun hat man die Möglichkeit, links in die Albert-Mahlstedt-Straße einzubiegen, deren Ensemble spätklassizistischer Wohnhäuser, zumeist um 1870 erbaut, sehenswert ist. Der eigentliche Rundgang führt parallel unterhalb der Gleise der Bahn und am Katerstieg entlang, bis eine große Kreuzung erreicht wird, von der die Lübecker Straße abzweigt.

Auf der linken Straßenseite, in der Nr. 48, im Haus des Tischlers Johann Grönwoldt, wurde 1786 Carl Maria von Weber geboren. Das zweigeschossige Fachwerktraufenhaus wurde mehrfach umgebaut und umgenutzt. Sehenswert ist die korbbogige Eingangstür im Zopfstil, der im ausgehenden 18. Jahrhundert modern war. 1853 konnte anlässlich des Weberfestes als Geschenk der Eutiner Liedertafel eine Gedenktafel an der Fassade angebracht werden. Diese war zunächst ganz prächtig anzusehen, allerdings wurden 1935 das Webersche Wappen und die Zierrosette entfernt. In diesen Jahren glaubte man, an den Schöpfer der ersten deutschen Nationaloper »Der Freischütz« wohl eher schlichter erinnern zu müssen. Heute steht das Haus leer, verkommt zusehends, und eine neue Nutzung liegt in weiter Ferne.

Carl Maria von Weber 1786–1826, Komponist, Dirigent und Pianist. Weber verbrachte nur sieben Monate in Eutin. Der musikalisch hochbegabte Junge wurde von einem Bruder unterrichtet. Eine Vermarktung als Wunderkind misslang, weil Weber von Kindesbeinen an an einer schweren Hüftkrankheit litt. Als junger Kapellmeister in schlechtbezahlten Stellungen begann er zu komponieren, aber erst ab 1813, mit der Vertonung Körnerscher Chöre, wurde er bekannt. Seit 1817 Hofkapellmeister in Dresden, schuf er hier seine drei berühmten Opern: »Der Freischütz« (1821), »Euryanthe« (1823) und »Oberon« (1826).

[24] Ehemaliges Regierungsgebäude

Auf der gegenüberliegenden Seite, in einem repräsenta-
tiven zweigeschossigen Putzbau im Stile des Neobarock
mit schlichten Jugendstilelementen, findet man heute die
Verwaltung des Kreises Ostholstein. 1909/11 wurde es
als Regierungsgebäude für das Fürstentum Lübeck gebaut. 1912 wurde ihm ein Winkelbau für das damalige
Amtsgericht angefügt. Vor dem breiten, flach übergiebel-
ten Mittelrisalit öffnet sich eine Pfeilerhalle mit einem
Balkon. Im Inneren beeindruckt das prächtige Treppen-
haus. Neben einer historischen Steinwalze, die erstmals
1826 beim Straßenbau der Oldenburger Landstraße
zum Verdichten des Straßenschotters genutzt wurde, be-
gegnen dem Spaziergänger vor dem Gebäude verschiedene grimmig dreinschauende Putten.

[25] St. Georgs-Hospital

Bauamt Mo–Do 8–12 Uhr, 13.30–15.30 Uhr,
Fr 8–12.30 Uhr

Die Lübecker Straße führte bis zum Abbruch der Stadt-
mauern um 1750 zum Lübecker Tor. In der wachsen-
den Stadt gab es immer weniger Platz für neue Häuser,

man baute immer enger und höher. Hier, an der Grenze zwischen der Lübecker Straße 19 und dem St. Georgs-Hospital (Nr. 17), befand sich der künstlich angelegte Stadtgraben. Außerhalb lag die abgabenfreie Gemeinde, »der Stadt Freiheit«. Um 1750 schüttete man den Graben zu, und auf dem neuen Stadtgrund wurden breite Traufenhäuser errichtet.

Das St. Georgs-Hospital, seit dem 15. Jahrhundert das Armenhaus der Stadt mit einer St. Georgs-Kapelle, wurde 1770 nach Plänen des Hofbaumeisters Georg Greggenhofer als breiter Backsteinbau errichtet. Am überhöhten Mittelrisalit über dem korbbogigen Portal verweist eine Inschrifttafel auf den Stifter des Hospitals, Fürstbischof Friedrich August, »den es ergötzte, den Elenden zu helfen«. Heute wird es vom Bauamt der Stadt Eutin genutzt. Während der Bürozeiten ist es möglich, einen Blick in die Eingangshalle zu werfen, in der man ein vereinfachtes Modell der Stadt besichtigen kann.

Nur wenige Gehminuten sind es noch, bis man zurück zum Markt gelangt. Schmale Fachwerkgiebelhäuser säumen die Straße. An der Nr. 10 wird man eine Gedenktafel für den Philosophen und Aristoteles-Forscher Friedrich Adolf Trendelenburg (1802–1872) entdecken, auch er ein Sohn Eutins, der den Ruf der Stadt als »Weimar des Nordens« begründen half.

Bräutigamseiche
Am Ortsausgang Richtung Plön steht eine 500-jährige Eiche mit einer Höhe von über 25 Metern. Sie ist der einzige Baum in Deutschland, der eine eigene Adresse (Dodauer Forst, 23701 Eutin) hat. Die Legende berichtet, dass sich einst die Dodauer Försterstochter und der Sohn eines Leipziger Schokoladenfabrikanten ineinander verliebten. Die Eltern waren gegen die Verbindung, also schrieben sie sich heimlich Liebesbriefe und versteckten sie in der Eiche. Ihre Geduld wurde belohnt, endlich durften sie heiraten. Heute kann jeder an die Eiche schreiben, jeder kann kommen und sich einen Brief herausnehmen.

Eutin an einem Tag. Ein Stadtrundgang
In Zusammenarbeit mit der Tourist-Info Eutin
1. Auflage, 2016

Text: Steffi Böttger
Karte: OpenStreetMap-Mitwirkende, geodressing.de
Fotos: Torsten Pape, außer: Aerialpics.de/Peter Sylent (S. 20),
Steffi Böttger (S. 9, 11, 17, 22, 23, 25, 26, 27, 29, 39),
U. Carstens/TI Eutin (S. 31), M. Friedel (S. 14),
H. Grenzemann-Spiller (S. 43), H. Lellmann (S. 32),
Thorsten Mischke (S. 28), T. Krüger/TI Eutin (S. 5, 7, 8, 15,
21, 33), I. Steinhusen/Glücksburg (S. 16)
Gestaltung, Satz: Mareike Bardenhagen, Lehmstedt Verlag
Herstellung: Westermann Druck Zwickau GmbH

Umschlag:
1 Marktplatz
2 Schloss
3 Bräutigamseiche
4 Plakette am Geburtshaus von C. M. v. Weber
5 Stadtgrundriss 1580, nach Braun-Hogenberg
6 Stadtgrundriss 1800, nach Varendorf